Das alles kannst Du selber machen:

Inhaltsverzeichnis

MATERIAL

- **1 leere Zigarrenkiste**
- **Hosengummi**
- **4 leere Streichholzschachteln**
- **4 Holzperlen**
- **Leinenband, 2 cm breit**
- **farbiges „d-c-fix"**
- **Pappe**
- **Hefter**

Verklebe die Schachteln miteinander und umklebe sie mit farbiger Folie.

Befestige an jeder Schublade mit Zwirn eine Perle

Für deine Abenteuerwanderungen brauchst du ein Botanisierköfferchen. Hier siehst du eine Möglichkeit, es zu basteln. Du kannst dir aber auch alles selbst ausdenken. Wichtig ist der Inhalt:

1 Taschenmesser mit Säge, 1 Lupe, 1 Schere, 1 Löffel (für Ausgrabungen), Schnur, Bleistift und Notizblock, Heftpflaster, kleine Dosen und Schachteln als Sammelbehälter und natürlich dieses Bastelbärheft.

An der inneren Rückwand der Zigarrenkiste ordnest du die Sammelbehälter an, auf der Innenseite des Deckels Schere, Taschenmesser, Lupe, Bleistift und Heftpflaster.

1. Schneide Pappstreifen in der entsprechenden Größe und beklebe sie mit „d-c-fix".

2. Auf den Pappstreifen klammerst du die Gummilitze so fest, daß passende Schlaufen für „Werkzeug" und Behälter entstehen.

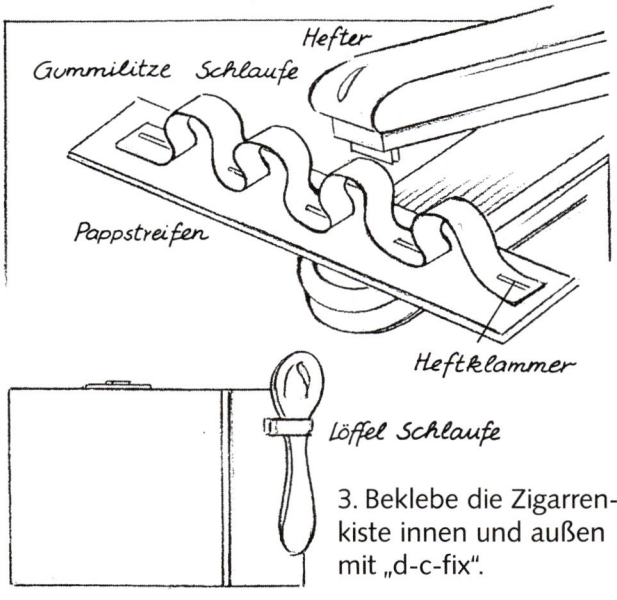

Hefter

Gummilitze Schlaufe

Pappstreifen

Heftklammer

Löffel Schlaufe

3. Beklebe die Zigarren-
kiste innen und außen
mit „d-c-fix".

4. Klebe die Pappstreifen und das Schubladenschränkchen in die Kiste.

5. An einer Seitenwand klammerst du außen
noch eine Schlaufe für den Löffel fest.

6. Lege das
Leinenband
rund um
die Kiste
und klammere
es unten
und an den
Seiten fest.

Botanisierköfferchen

Botanisierköfferchen

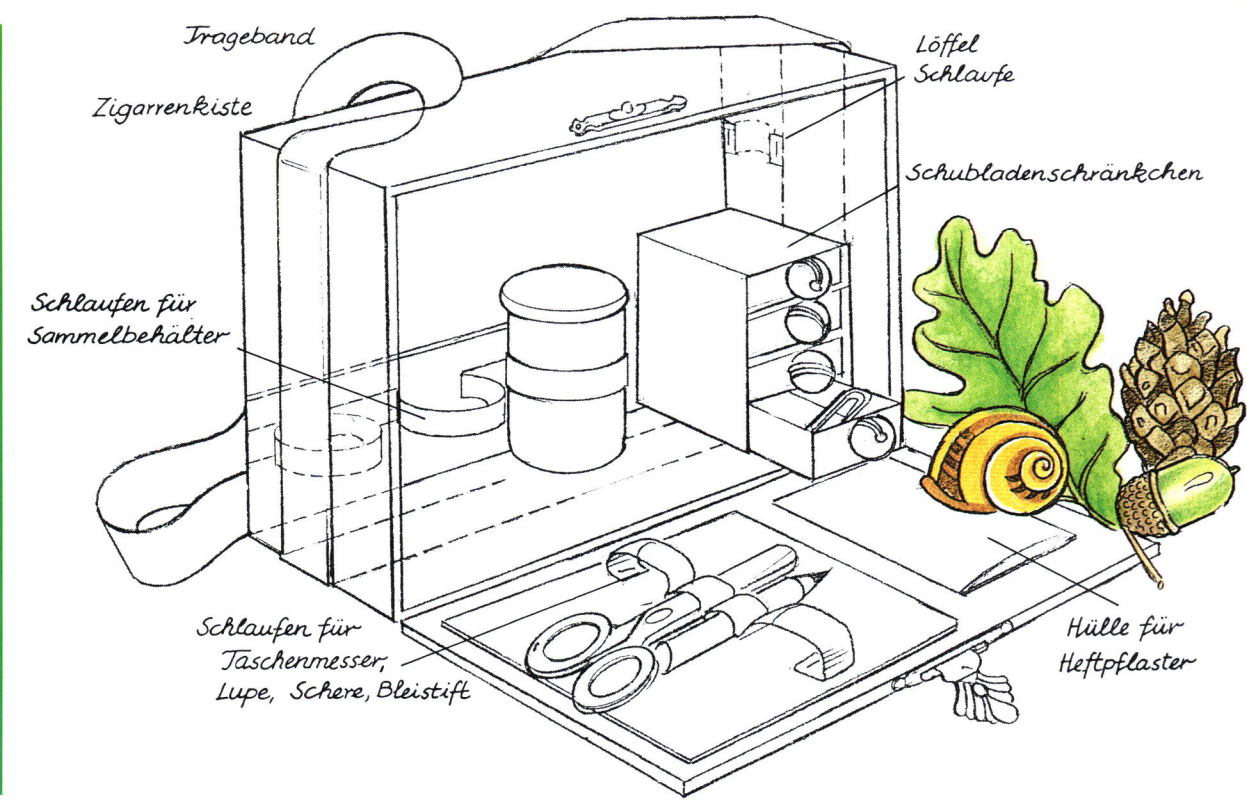

Trageband

Zigarrenkiste

Löffel
Schlaufe

Schubladenschränkchen

Schlaufen für
Sammelbehälter

Schlaufen für
Taschenmesser,
Lupe, Schere, Bleistift

Hülle für
Heftpflaster

7

MATERIAL
- 2 Sperrholzbrettchen (18 x 18 cm, 6 mm)
- 4 Gewindeschrauben (3 cm lang)
- 4 Flügelmuttern
- 4 Unterlegscheiben
- 1 flache Zigarrenkiste
- Hosengummi
- Leinenband
- 2 Drahtösen
- Klebstoff
- farbiges „d-c-fix"
- 1 Löschpapierheft

1. Lege die beiden Brettchen genau aufeinander und presse sie mit einer Zwinge zusammen. So können sie nicht verrutschen, wenn du in jede Ecke ein Loch bohrst.

2. Beklebe die Brettchen und die Zigarrenkiste mit „d-c-fix".

3. Klammere zwei Gummischlaufen für den Bleistift und die Schere an der Innenseite des Deckels fest.

4. Klebe die Zigarrenkiste auf ein Brettchen – gut antrocknen lassen!

5. Lege die beiden Brettchen genau aufeinander und stecke durch die Löcher je eine Gewindeschraube. Auf das Gewindeende kommt erst eine Unterlegscheibe und dann eine Flügelmutter.

6. Befestige mit je einer Drahtöse an zwei Schraubenköpfen das Leinenband als Tragegurt.

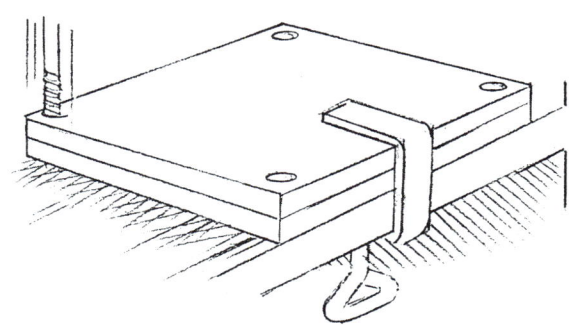

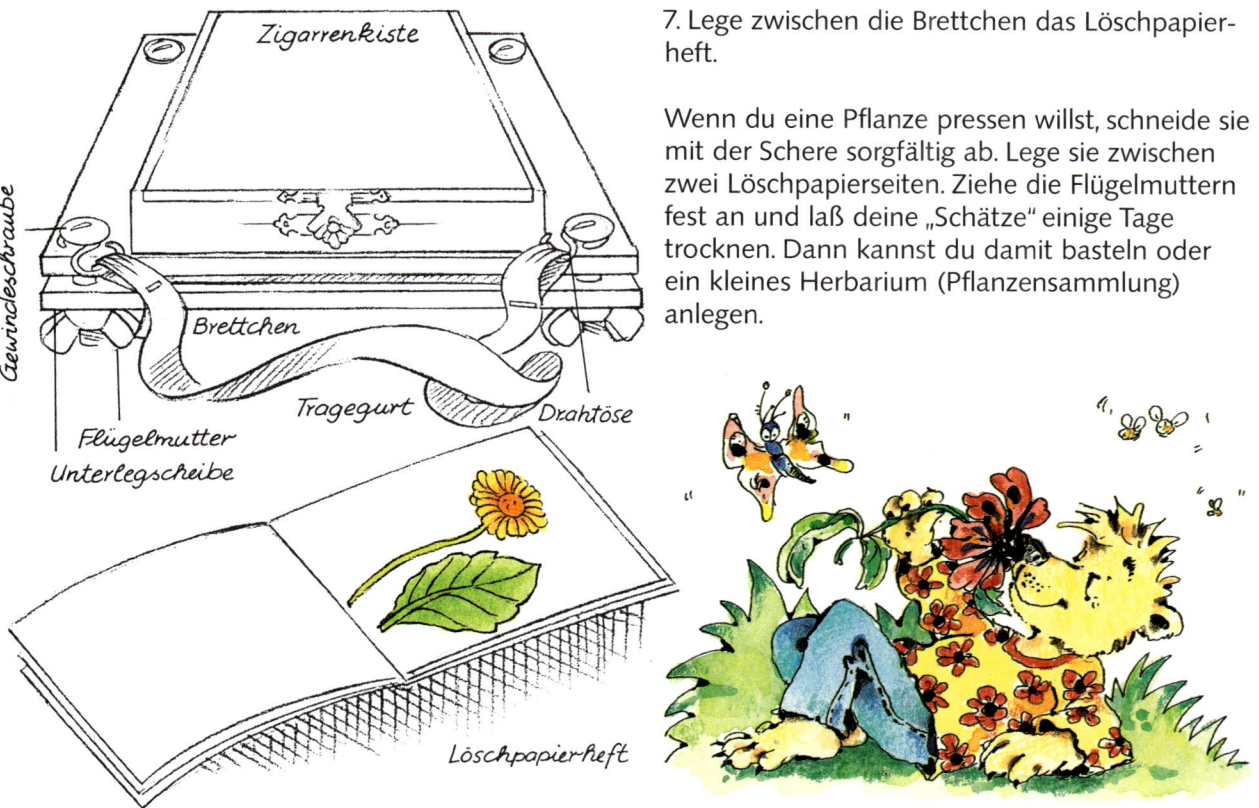

Zigarrenkiste

Gewindeschraube

Brettchen

Tragegurt

Drahtöse

Flügelmutter

Unterlegscheibe

Löschpapierheft

7. Lege zwischen die Brettchen das Löschpapierheft.

Wenn du eine Pflanze pressen willst, schneide sie mit der Schere sorgfältig ab. Lege sie zwischen zwei Löschpapierseiten. Ziehe die Flügelmuttern fest an und laß deine „Schätze" einige Tage trocknen. Dann kannst du damit basteln oder ein kleines Herbarium (Pflanzensammlung) anlegen.

Pflanzenpresse

MATERIAL
- **Rinde**
- **Äste**
- **Blätter**
- **Zapfen**
- **Eicheln**
- **Schnur**
- **Taschenmesser**

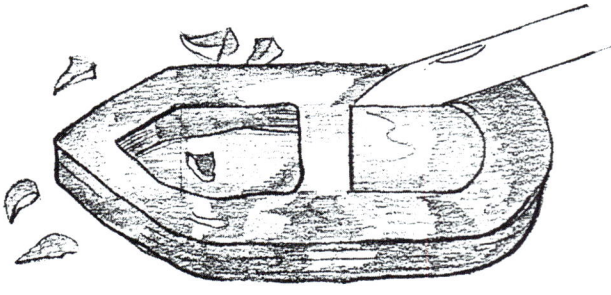

2. Schnitze zuerst die äußere Form aus der Rinde.

Ist dein Rindenschiffchen fertig, brauchst du nur noch einen Teich, einen Bach oder eine Pfütze. Ahoi, Schiffchen, und guten Wind!

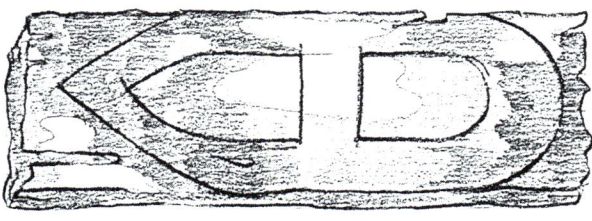

1. Zeichne mit dem Bleistift die Schiffchenform auf das Rindenstück.

3. Höhle das Schiffchen vorsichtig aus. Achte darauf, daß kein Loch in den Boden kommt!

4. Bohre ein kleines Loch in den Steg und stecke einen kleinen Ast als Mast hinein.

5. Binde den Mast mit der Schnur fest und klemme sie an Bug und Heck in einen Schlitz.

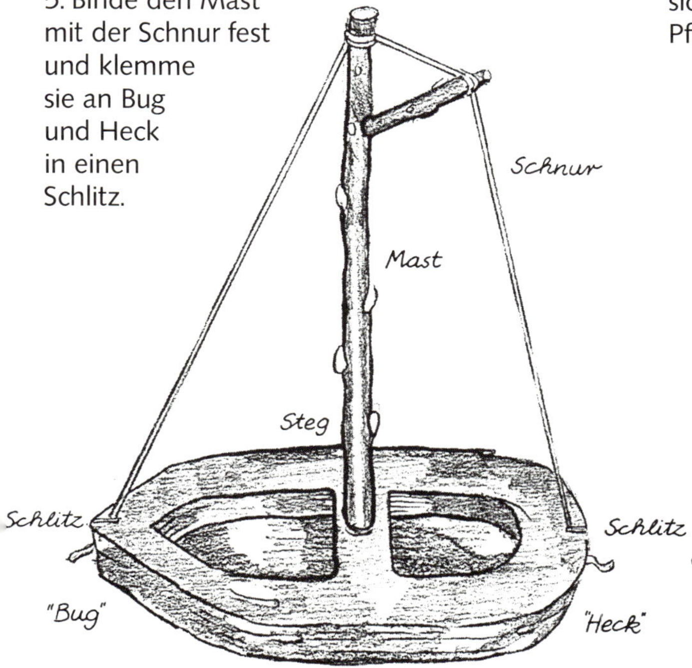

6. Ein Blatt, ein Stückchen Rinde oder ein Stück Papier wird das Segel. Ein kleiner Kapitän steuert das Boot sicher über alle Pfützenmeere.

Schnur

Mast

Steg

Schlitz

Schlitz

"Bug"

"Heck"

Rindenschiffchen

MATERIAL
- **Wurzeln**
- **Äste**
- **Holzstücke**
- **Taschenmesser**
- **Plaka-Farbe**

Kobolde, Zwerge und Elfen wohnen im Wurzel-
schatten der Bäume und tanzen in den Strahlen
der Sonne, die durch das Blätterdach auf den
Waldboden scheint. Nur ganz selten zeigen sie
sich den Menschen. Deshalb bastle dir deine
eigenen Waldgeister. Durchstöbere den Wald
nach seltsam geformten Wurzeln, Ästen oder
Holzstücken. Betrachte sie aufmerksam und
versuche, sie durch Schnitzen und Bemalen in
Waldgeister zu verzaubern.

1. Schneide quer in jedes
Astende eine Kerbe.

2. Ritze längs schmale
Streifen bis zur Kerbe.

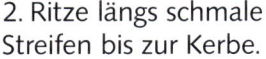

3. Löse die Streifen und rolle sie vorsichtig auf.

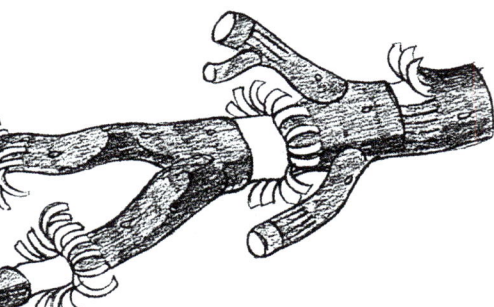

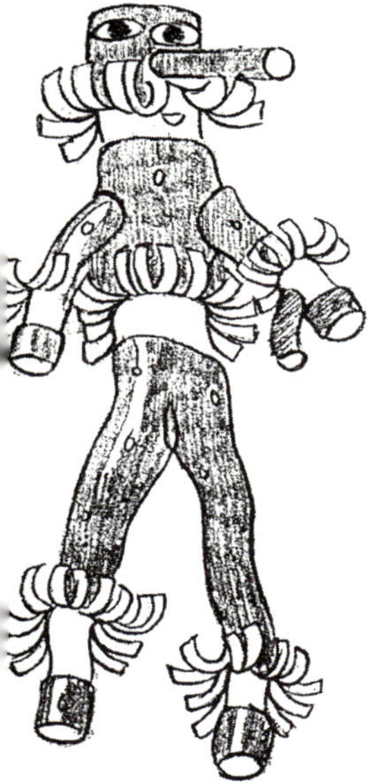

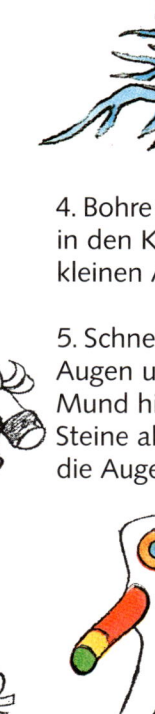

4. Bohre ein Loch für die Nase in den Kopf. Stecke einen kleinen Ast hinein.

5. Schneide zwei Kerben als Augen und eine Kerbe als Mund hinein. Drücke kleine Steine als Pupillen in die Augenschlitze.

Windräder

MATERIAL
- Buntpapier oder farbiges „d-c-fix"
- Blumendraht
- Holzperlen
- Bleistift
- Schere

Viele kleine bunte Windräder sind schnell gebastelt. Nimmst du wasserfestes „d-c-fix", kannst du deinen Windradbaum zum Erstaunen der Spatzen auch in den Garten stellen.

1. Suche dir im Wald einen schönen verzweigten Ast. Du kannst ihn durch Schnitzereien verzieren oder anmalen.

2. Schneide verschieden große Quadrate aus Buntpapier.

3. Verbinde die Ecken mit Bleistiftlinien.

4. Die Linien bis zur Hälfte einschneiden.

5. Befestige eine Perle an einem Stück Blumendraht.

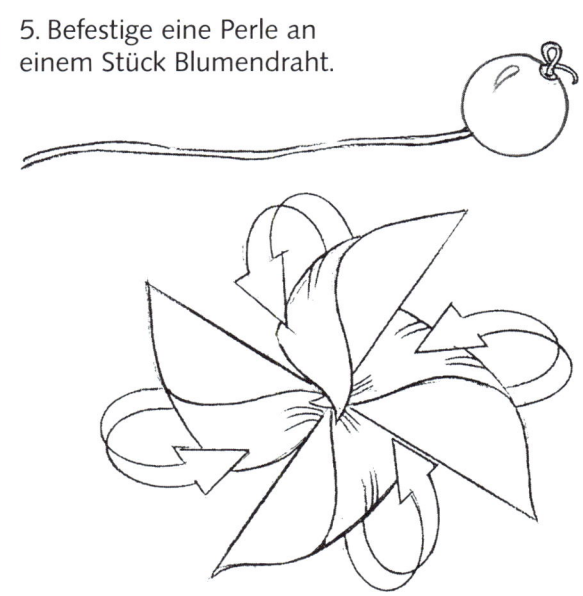

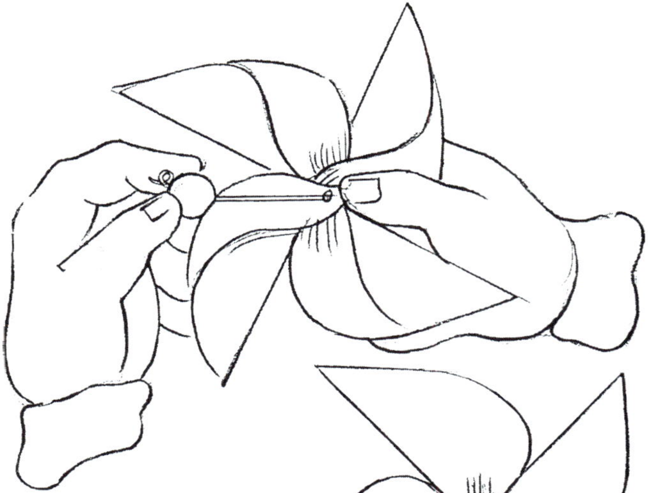

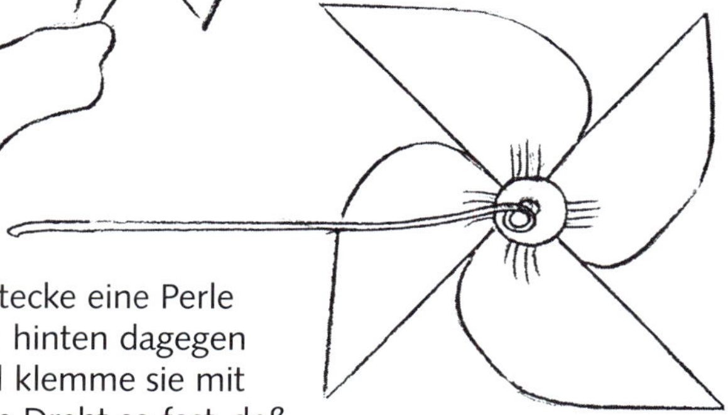

6. Falte alle vier Ecken des Papiers nach innen auf den Mittelpunkt.

7. Stecke den Blumendraht durch alle Ecken und durch die Papiermitte.

8. Stecke eine Perle von hinten dagegen und klemme sie mit dem Draht so fest, daß sich das Rädchen noch leicht drehen kann.

9. Befestige die Windrädchen mit dem Blumendraht an den Ästen deines Windradbaumes.

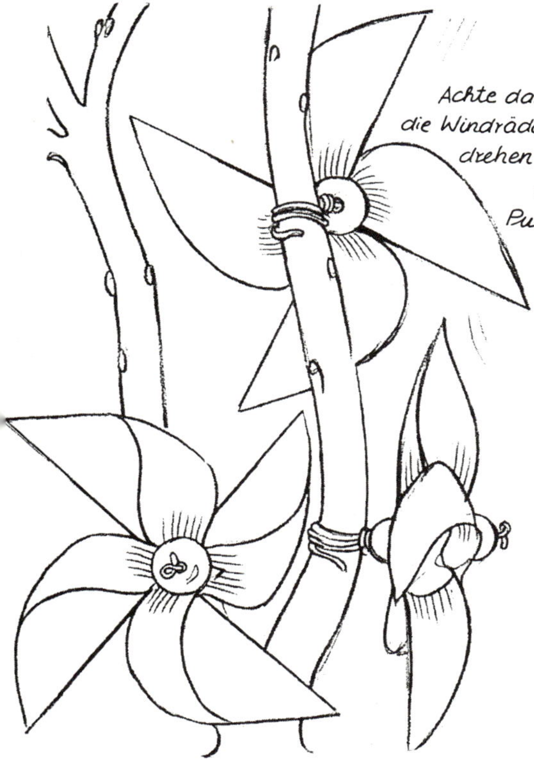

Achte darauf, daß die Windrädchen sich drehen können, – mach die Pusteprobe!

MATERIAL
- **Haselnußstock**
- **Taschenmesser**

Auf deiner Entdeckungsreise durch Wald und Flur wird dir ein Wanderstock gute Dienste leisten. Du kannst dich auf ihn stützen, mit seiner Hilfe einen Bach überspringen, in einem Busch herumstochern oder dich gegen einen „Drachen" wehren...

Suche einen Haselstrauch, er hat die schönsten geraden Stöcke. Damit es ein Prunkstock wird, verziere ihn mit Schnitzereien.

1. Schneide in die Rinde mit dem Messer Ringe.

2. Schneide zwischen zwei Ringe einen Schlitz. Überspringe immer zwei Ringe.

3. Löse die Rindenteile zwischen zwei Ringen vom Stock.

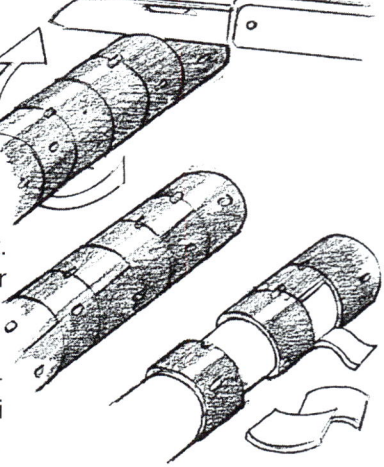

Hier siehst du verschiedene Schnitzmuster – denke dir auch selber welche aus.

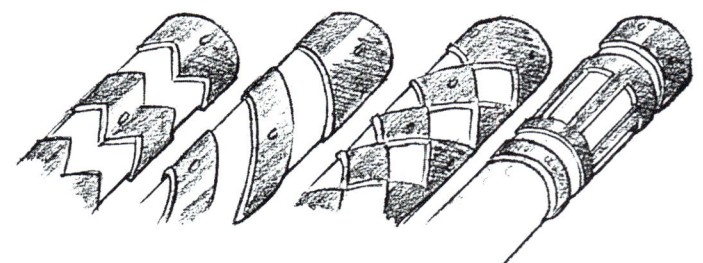

MATERIAL
- **Haselnußstock**
  (150 cm lang, 1,5 cm dick)
- **dünne Haselstöcke**
- **Federn**
- **Schnur**
- **Taschenmesser**

Das beste Holz für Flitzebogen hat der Haselnuß-strauch. Suche dir für die Pfeile mehrere dünne, gerade Zweige und Federn und für den Bogen einen geraden Zweig. Eine wichtige Indianerregel darfst du niemals vergessen: Ziele auch aus Spaß nie auf einen Menschen oder ein Tier!

1. Schneide die dünnen Haselstöcke alle auf 50 cm Länge. Das dickere Ende ist vorn.

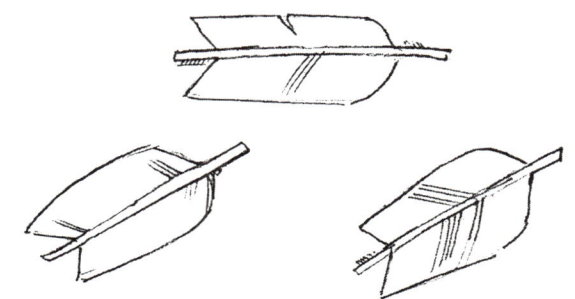

2. Schneide die Federn wie auf der Zeichnung zurecht.

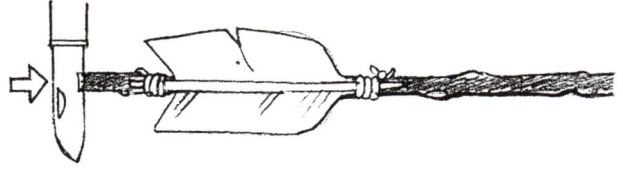

3. Befestige je eine Feder mit Schnur am dünnen Ende des Haselnußstocks.

4. Schnitze in dieses Ende eine Kerbe.

5. Umwickle den Bogenstock in der Mitte mit einem Stück Schnur.

6. Damit die Bogenschnur nicht verrutscht, kerbe beide Enden des Bogens ein.

So hält die Wicklung richtig fest:
Lege eine 20 cm lange Schlaufe aus Schnur auf die Mitte des Stocks. Umwickle den Stock mit der Schlaufe von A in Richtung B mit Schnur.

Stecke das Ende der Schnur durch die Schlaufe C. Ziehe dieses Ende mit dem Ende D in die Wicklung.

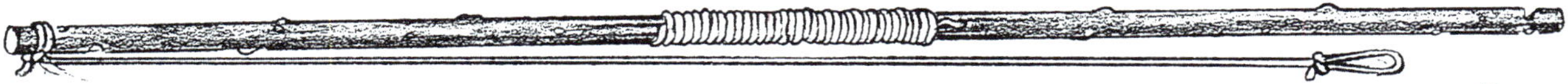

7. Binde an einem Ende die Bogenschnur fest in die Kerbe. In das andere Ende der Schnur knüpfst du eine Schlaufe. Die Schnur muß etwa 15 cm kürzer sein als der Stock.

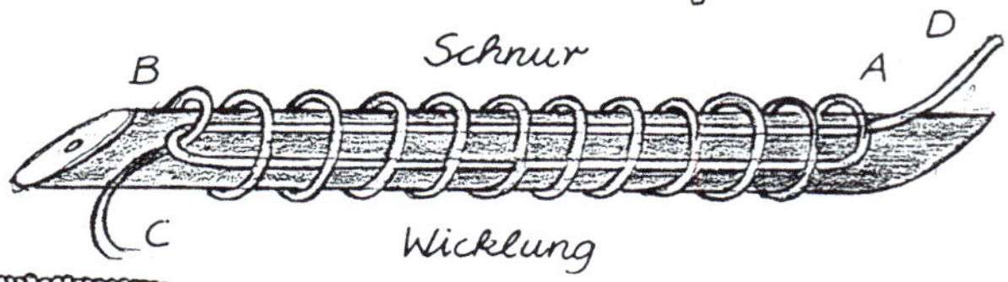

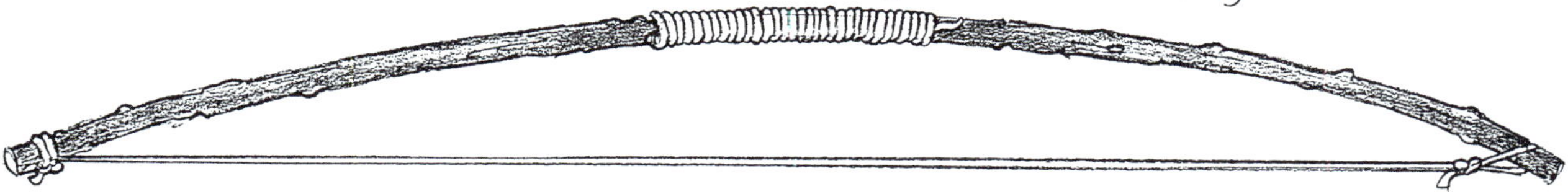

8. Nun biegst du den Stock leicht und hängst die Schnur mit der Schlaufe in die Kerbe.

MATERIAL
- Haselnußstock
- Holzstück
- Schnur
- Taschenmesser

2. Suche dir ein dickes Stück Holz in Beilform.

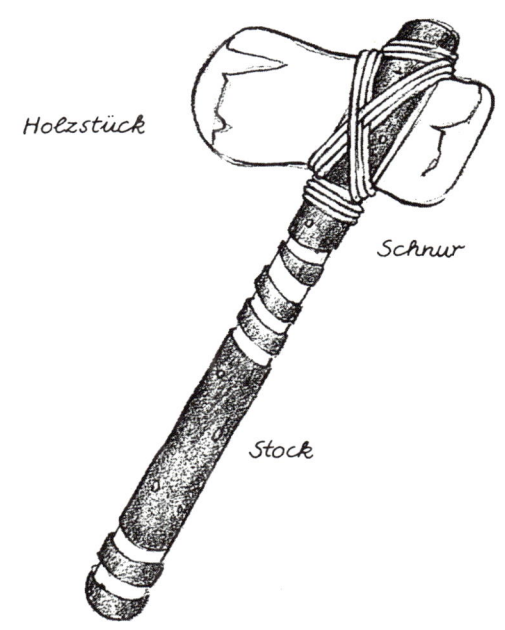

Holzstück

Schnur

Stock

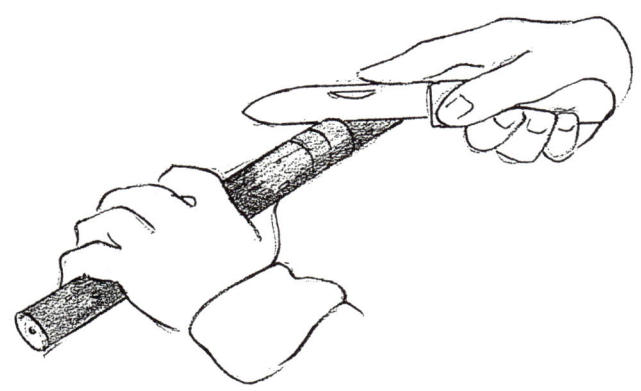

1. Schneide dir einen Haselnußstock auf etwa 30 cm Länge zurecht und verziere ihn mit Schnitzereien.

3. Binde das Holzstück mit der Schnur fest an den Stock. Wie du die Kordel am besten wickelst, siehst du auf der Zeichnung.

Holzbeil

Wald-und-Wiesen-Schmuck

MATERIAL
- **Eicheln**
- **Ahornnasen**
- **Stöckchen**
- **Nüsse**
- **Tannenzapfen**
- **Bucheckernfrüchte und -hülsen**
- **Blätter**
- **Getreideähren**
- **Grashalme**
- **Blumen**
- **Hagebutten …**

oder zu einem bestimmten Muster anordnen. Aber auch nur eine Sorte sieht sehr schön aus.

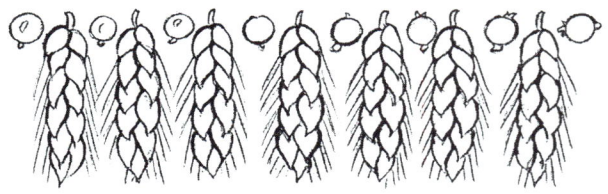

2. Fädle ein etwa 50 cm langes Stück Zwirn in eine Nadel.

3. Durchsteche die einzelnen Pflanzen und Früchte und fädle sie auf.

1. Ordne die verschiedenen Pflanzen und Früchte so an, wie du sie später als Kette haben möchtest. Du kannst sie bunt zusammenstellen

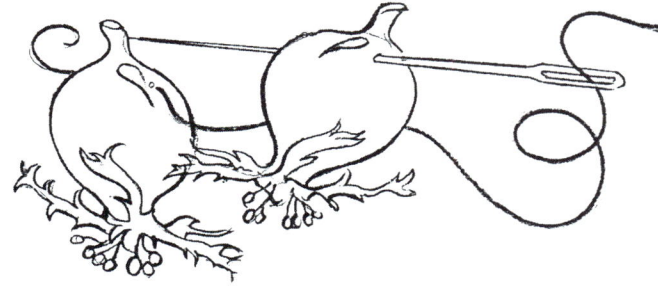

4. Du mußt darauf achten, daß die Kette lang genug ist, damit dein Kopf hindurchpaßt. Verknüpfe die beiden Fadenenden miteinander.

Auf die gleiche Weise kannst du auch Armbänder und Kopfkränze basteln.

MATERIAL
- Astgabeln
- gerade Stöcke
- Baumrinde
- Schnur
- Taschenmesser

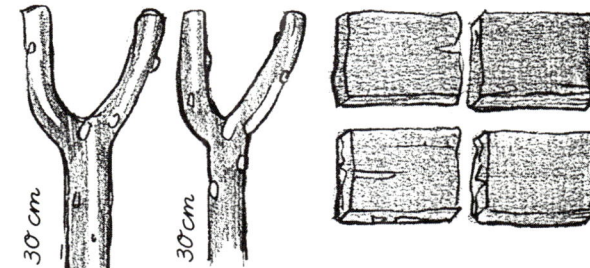

2 Astgabeln für die
Halterung der Achse

4 Rindenstücke als
Wasserschaufeln

„Es klappert die Mühle am rauschenden Bach –
klipp, klapp, klipp, klapp, klipp, klapp…"

Klappern kann dein Wasserrad nicht, aber dafür
dreht es sich munter. Stelle es mitten in einen
Bach, je kräftiger das Wasser sprudelt, desto
schneller dreht sich das Rad.

1 Ast 40 cm lang als Achse

1. Wenn du dein Wasserrad verzieren willst,
schnitze die Muster in die Rinde, bevor du mit
dem Zusammenbau beginnst.
2. Löse die Rinde in den Astgabeln und an den
Enden der Achse. So dreht diese sich besser.
3. Schneide die Rindenstückchen auf *eine* Größe
zurecht.

2 Äste 30 cm lang als Schaufelträger

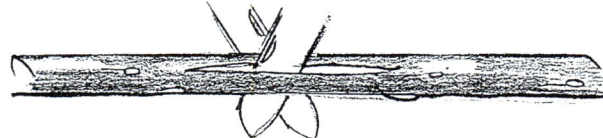

4. Spalte die Achse in der Mitte an zwei gegen-
überliegenden Stellen.

5. Schräge die Schaufelträger an den Enden ab.

6. Schiebe je einen Schaufelträger mit dem
schrägen Ende zuerst durch je einen Spalt der
Achse.

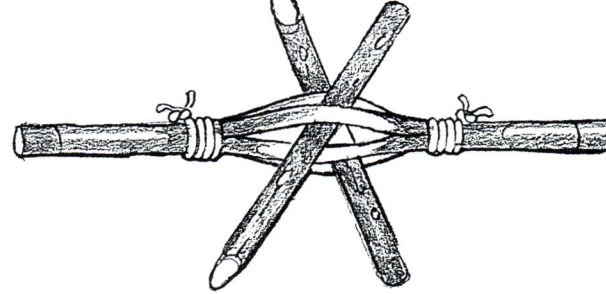

7. Umwickle die Schlitzenden fest mit Schnur.

8. Spalte die Schaufelträger an den Enden und
klemme die Rindenstücke hinein.

9. Umwickle dicht hinter den Schaufelrädern den
Ast mit Schnur.

10. Stecke die Halterung in den Boden und lege
die Achsen so hinein, daß die Schaufeln das
Wasser berühren.

MATERIAL
- **Holundermark**
- **Zigarrenkiste**
- **durchsichtiger Plastikdeckel**
- **1 Stückchen Fensterleder**
- **„d-c-fix" oder Buntpapier**
- **Wasserfarben**
- **Watte**
- **Nadel und Faden**
- **Schnur**
- **Klebefilm**
- **Taschenmesser**

„Es tanzt ein Bi-Ba-Butzemann in unserm Kreis herum…"

Bei deinem Spiel sind es Holunderfigürchen, die munter im Kreis hopsen, wenn du mit einem kleinen Lederbeutel kräftig über den Plastikdeckel reibst.
(Diesen bekommst du an der Salat- oder Käsetheke im Supermarkt.)

1. Suche einen Holunderzweig mit viel Mark. Entferne die Rinde und das Holz um das Holundermark und löse es vorsichtig heraus.

2. Schneide aus dem Holundermark verschiedene Formen aus.

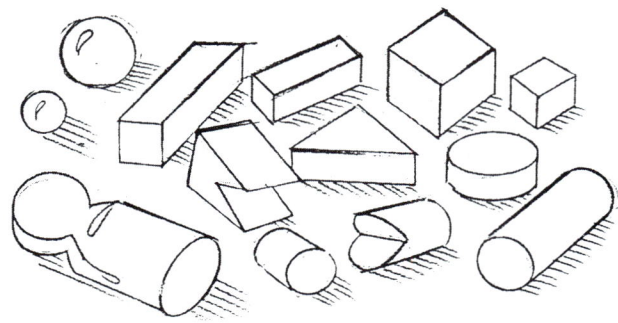

3. Denke dir Figuren aus, lege die passenden Teile zusammen und bemale sie.

4. Verbinde die einzelnen Teile mit Nadel und Faden.

Woher bekommt man eine Zigarrenkiste? Ganz einfach: in jedem Tabakwarengeschäft! Manchmal sind noch nicht alle Zigarren aus einer Kiste verkauft, dann mußt du ein paar Tage warten, bis eine Kiste leer ist.

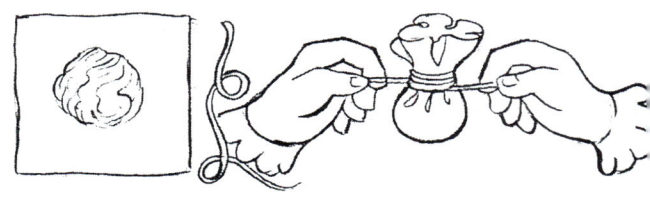

7. Schneide ein kleines Viereck aus dem Fensterleder.

8. Lege einen Wattebausch hinein und binde das Leder so zusammen, daß ein kleiner Beutel entsteht.

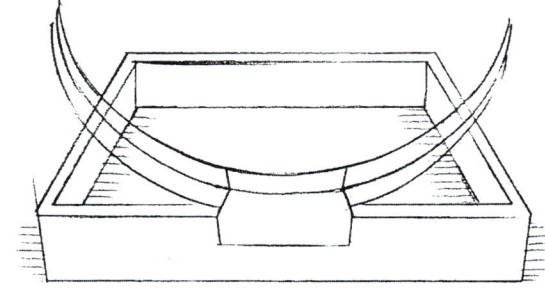

5. Löse den Deckel von der Zigarrenkiste und beklebe diese mit „d-c-fix" oder Buntpapier.

6. Befestige den Plastikdeckel mit Klebefilm an der Zigarrenkiste.

Lege die Figürchen in die Kiste und reibe mit dem Lederbeutel ganz schnell über den Deckel. Die Figürchen beginnen zu hüpfen und zu tanzen.